So wird's gemacht!

Öffne das LÜK®-Kontrollgerät und lege die Plättchen in den unbedruckten Deckel. Jetzt siehst du auf den Plättchen und auf dem Geräteboden die Zahlen 1. bis 24..

Beispiel: Seite 2

Nimm Plättchen 1. und sieh dir Aufgabe 1. an:
Wie sieht das aus, wenn du die beiden Zahlen kombinierst?
Suche in der Lösungstabelle die richtige Antwort. Es ist die Kombination mit der Lösungsziffer 23.

Lege also Plättchen 1. mit der Zahl nach oben auf das Feld mit der Ziffer **23** im Kontrollgerät.

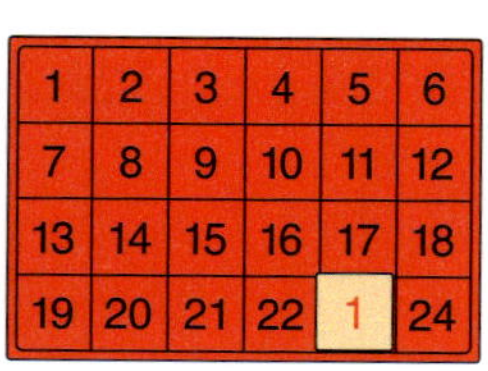

So arbeitest du weiter, bis alle Plättchen im Geräteboden liegen.

Schließe dann das Gerät und drehe es um. Öffne es von der Rückseite. Wenn du das bei der Übungsreihe abgebildete Lösungsmuster siehst, hast du alle Aufgaben richtig gelöst.

Passen einige Plättchen nicht in das Muster, dann hast du dort Fehler gemacht. Drehe diese Plättchen da, wo sie liegen um und öffne es wieder. Jetzt kannst du sehen, welche Aufgaben du falsch gelöst hast. Nimm diese Plättchen heraus und suche die richtigen Ergebnisse. Kontrolliere dann noch einmal. Stimmt jetzt das Muster?

Das System ist für alle Übungen gleich: Die roten Aufgabenziffern im Heft entsprechen immer den LÜK-Plättchen aus dem Kontrollgerät. Die Feldzahlen bei den Lösungen sagen dir, auf welche Felder im Kontrollgerät die Plättchen gelegt werden müssen.

VIEL SPASS

DOPPELQUIZ

	9	4	5	7
3	1	2	3	4
8	5	6	7	8
5	9	10	11	12

	H	A	U	S
O	13	14	15	16
M	17	18	19	20
A	21	22	23	24

AA 7 MS 5 OA 8 AH 4

OS 11 AU 6 MA 9

OU 10 MU 2 OH 12

AS 3 MH 1

	10	12	9	4
	2	11	6	5
	1	8	7	3

FÜR STERNENGUCKER!

	**19**	**23**	**13**	**16**
	14	**21**	**20**	**22**
	**17**	**24**	**15**	**18**

JETZT NICHT VERZÄHLEN :)

5	13	14
3	15	16
4	17	18

4	19	20
5	21	22
3	23	24

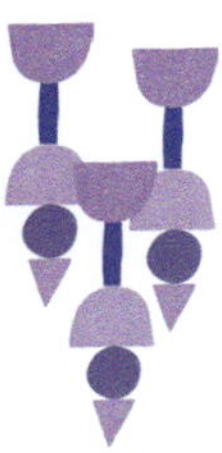
10

6

9

5

3

2

8

11

1

12

4

7

LASS UNS BUNTE MUSTER SORTIEREN

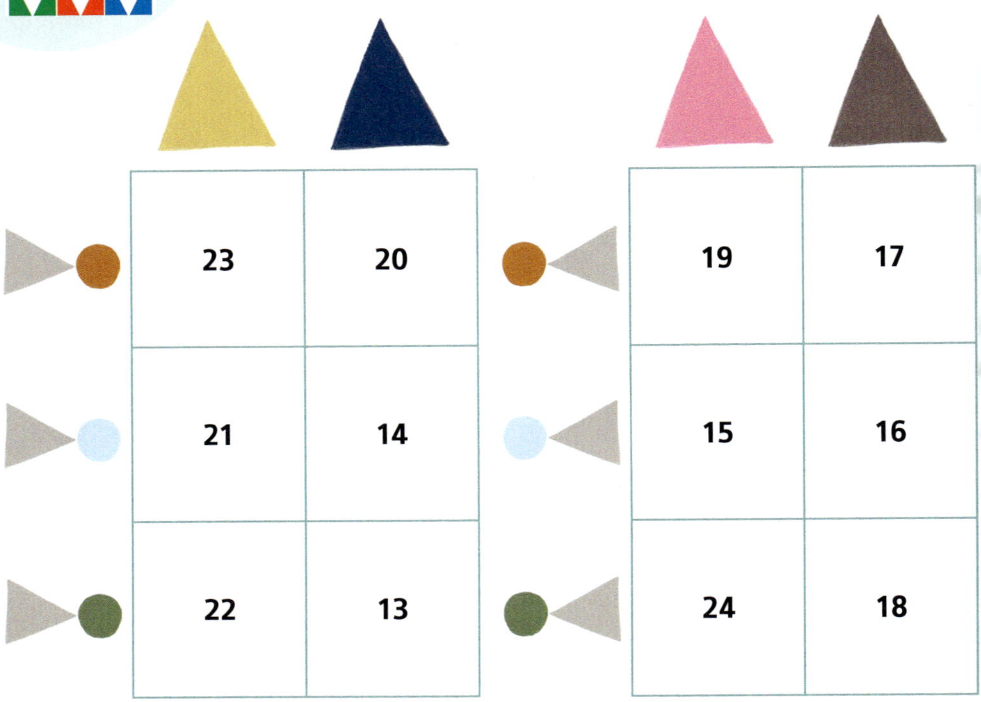

8
9
5
4
10
11

6
2
1
7
12
3

13
14
15
16
17
18
19
20
21
22
23
24

1	2	3	4	5	6
7	8	9	10	11	12

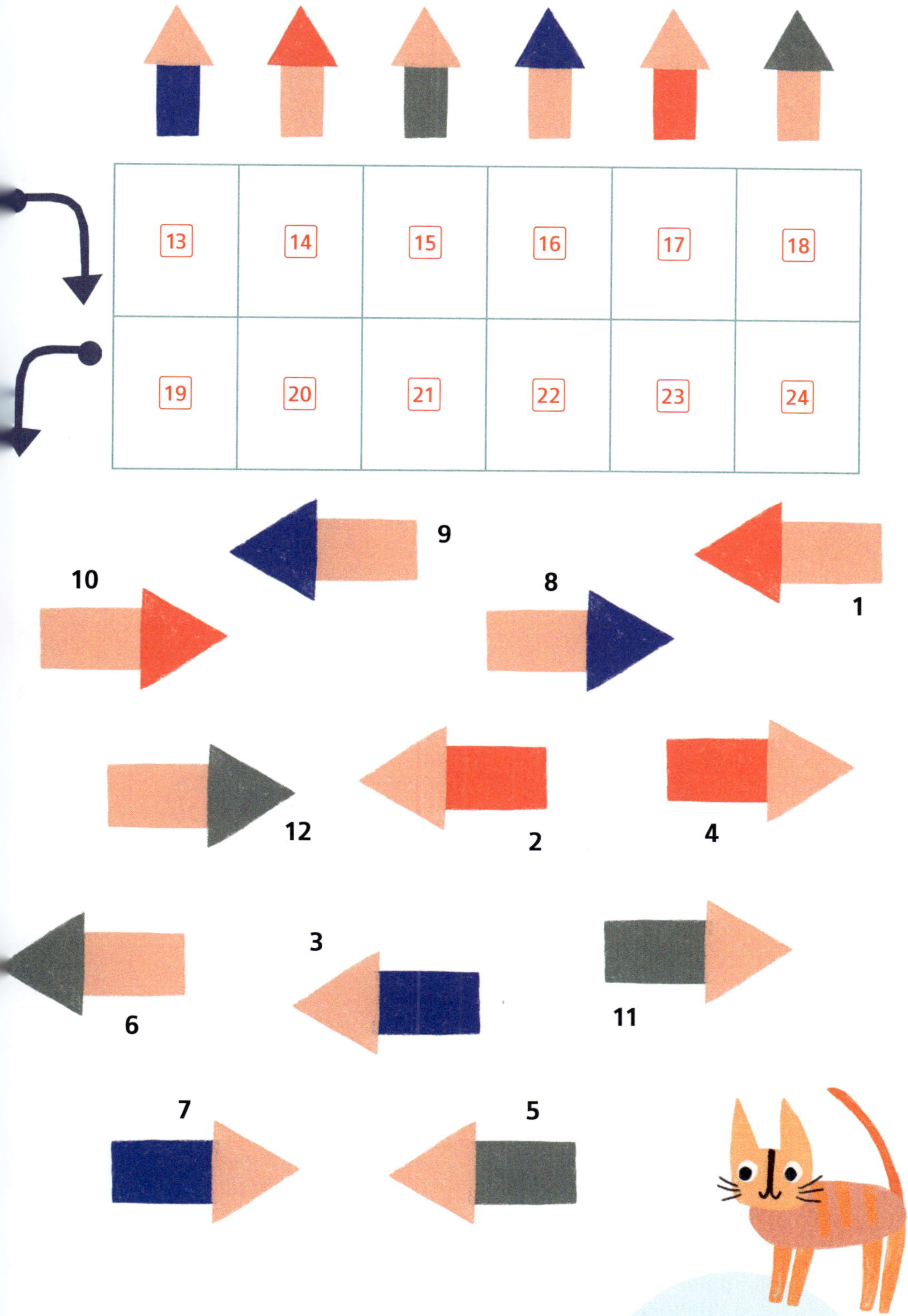

ALLES GEDREHT...

	1	2	3	4	5	6
7	10	8	2	7	1	12
8	4	6	9	3	5	11

FÜR FÜCHSE!

	B	G	S	Z	H	O
W	14	24	17	13	23	19
M	20	18	21	15	16	22

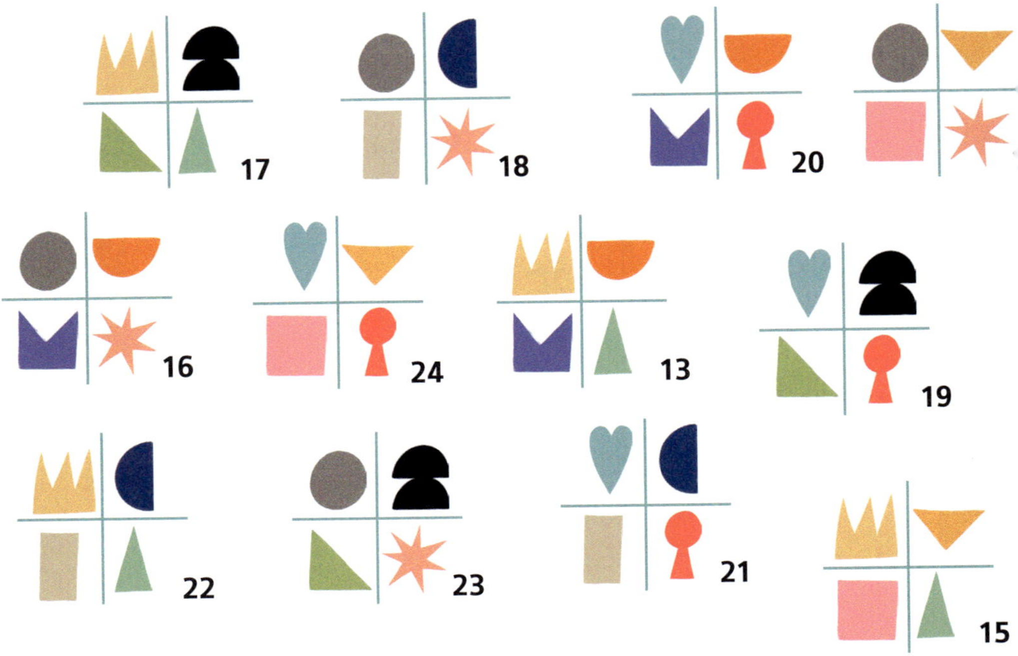

JETZT WIRD ES BUNT …

… SCHAFFST DU SCHON!

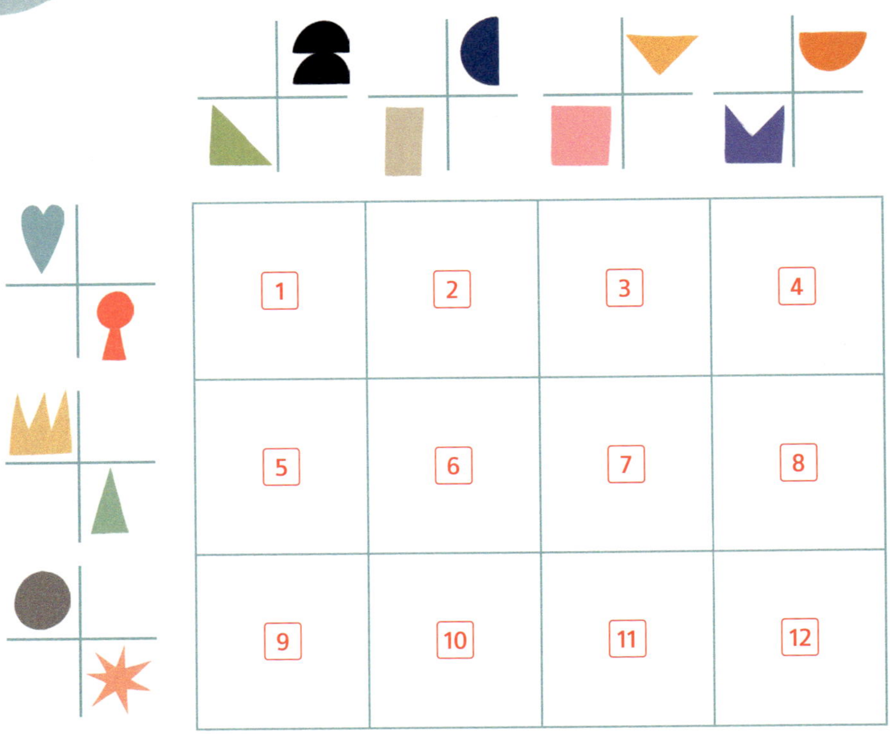

2

5

11

3

6

7

4

10

8

9

1

12

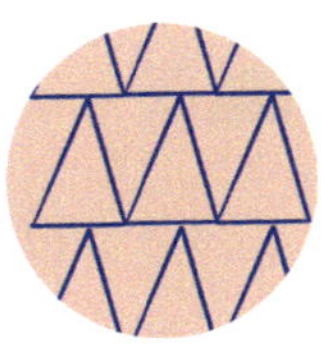	24	19	18	20
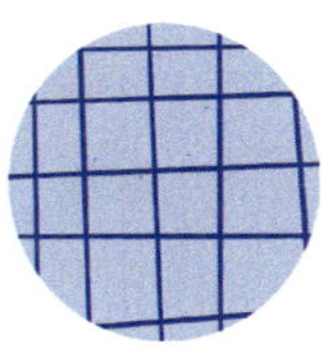	17	14	21	15
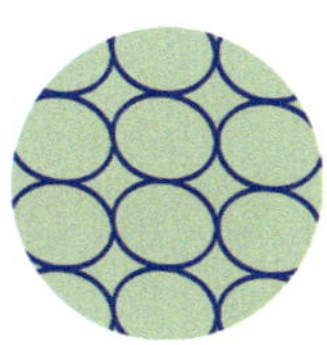	22	13	23	16

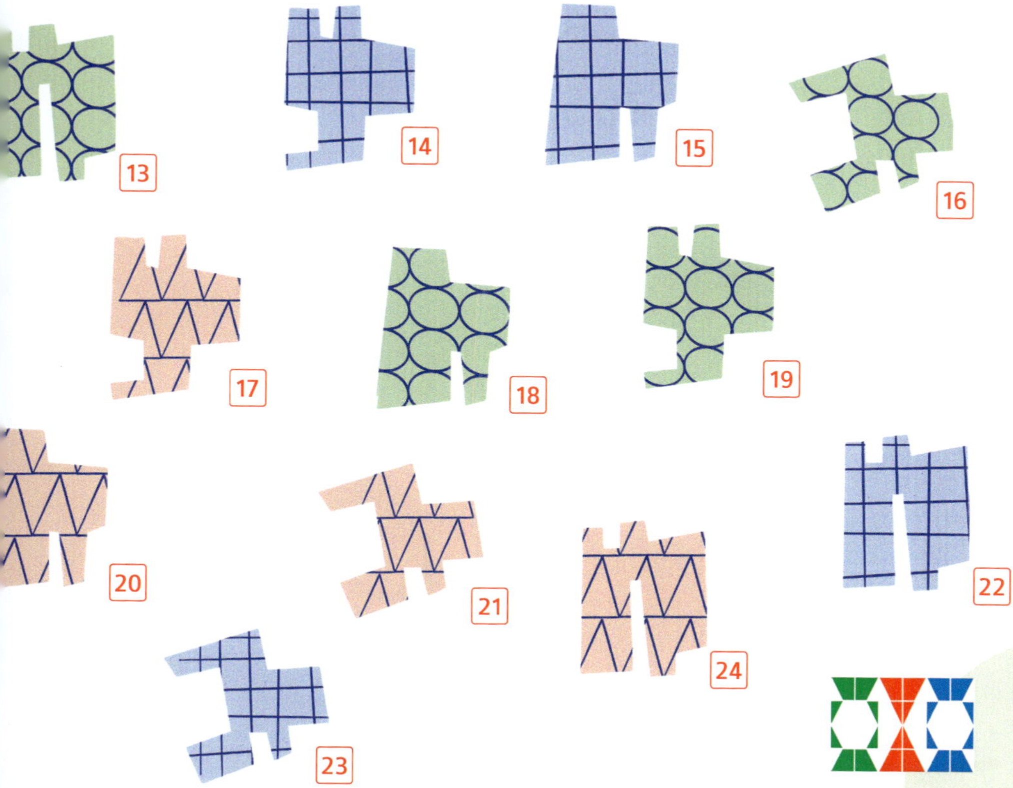

MUSTERQUIZ

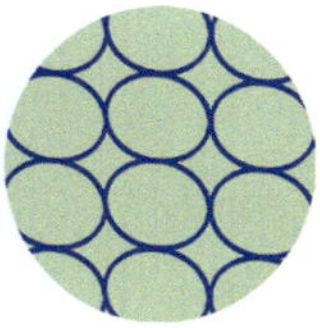	10	8	7	6
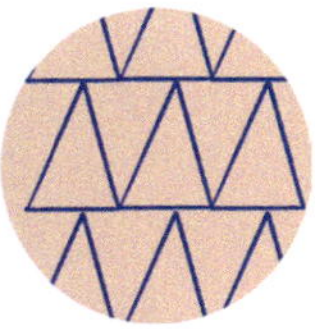	1	4	3	5
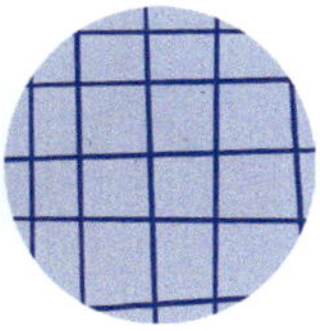	9	11	2	12

IHR HABT DEN DREH RAUS :)

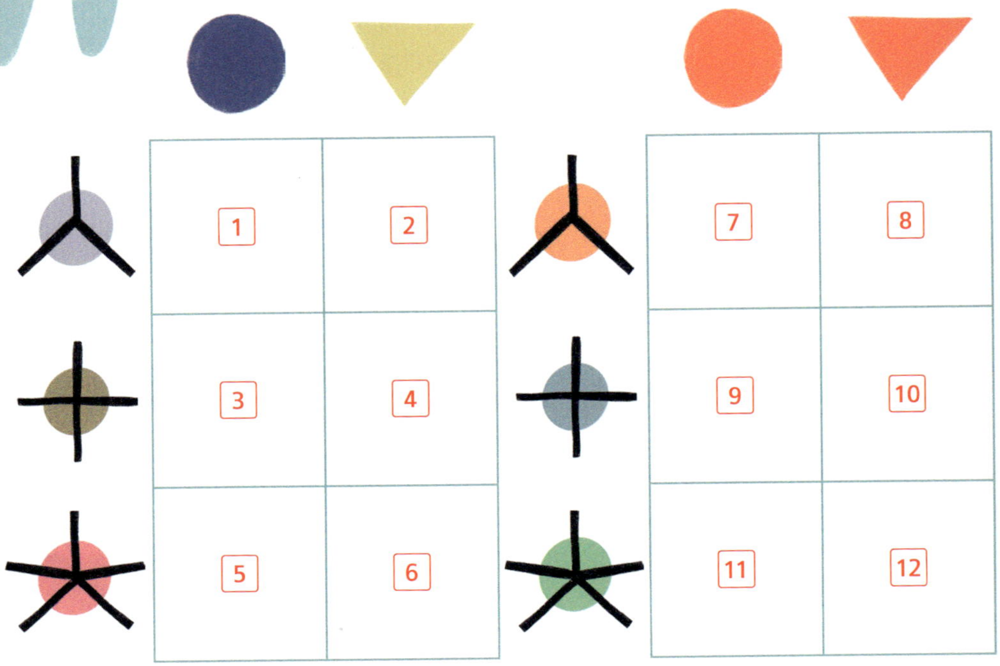

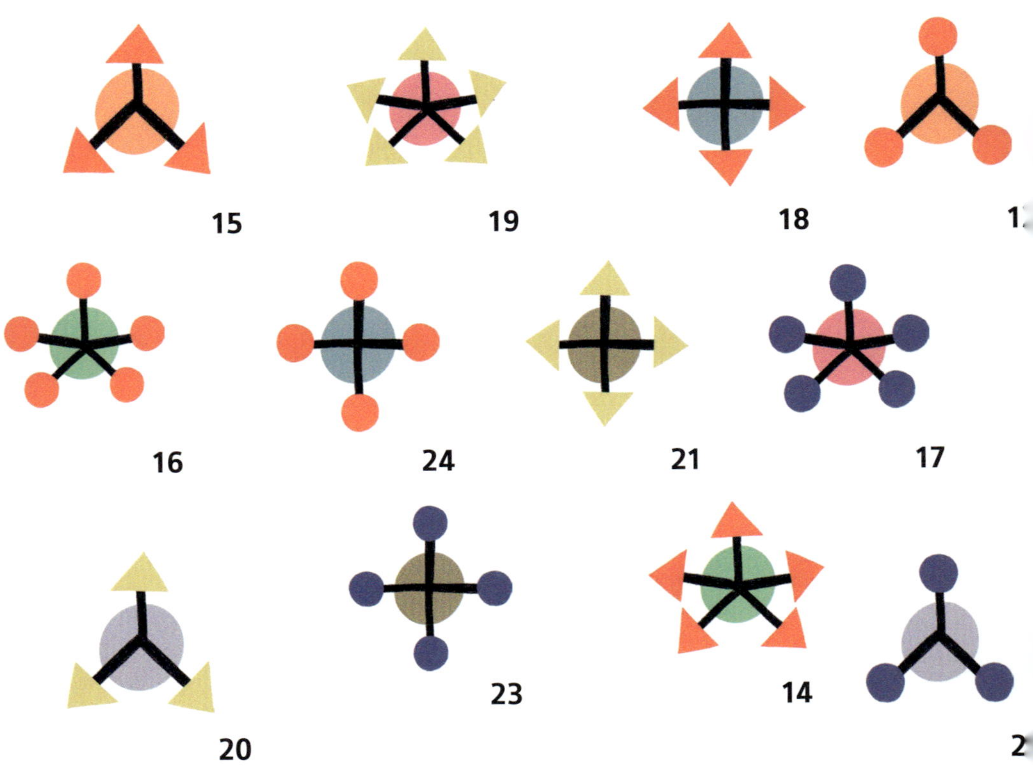

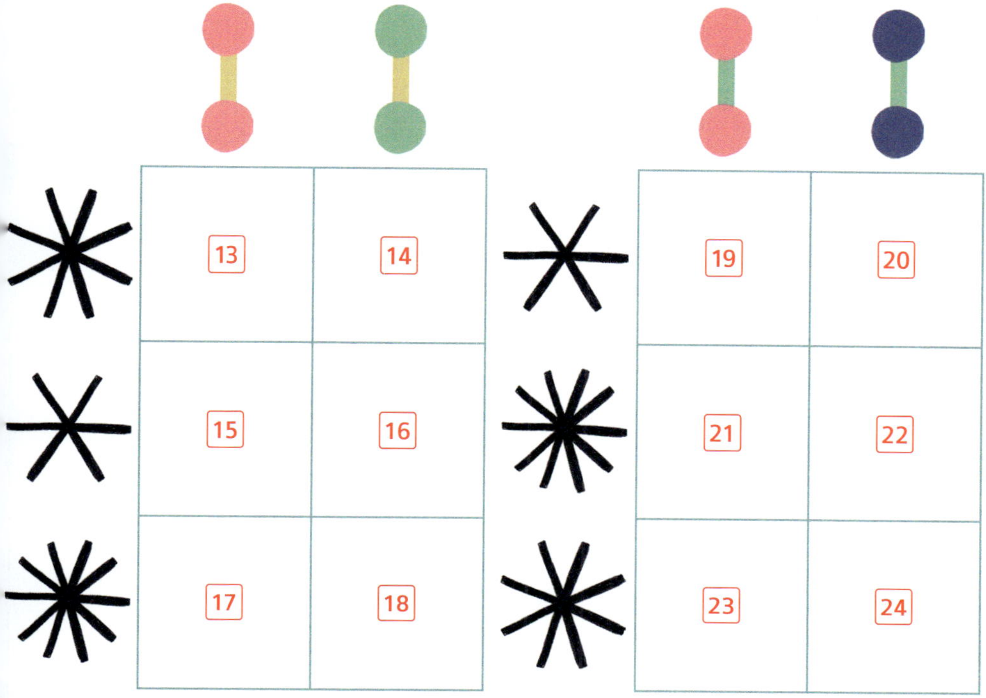
13
14
15
16
17
18
19
20
21
22
23
24

5
10
9
6
1
7
12
4
8
2
3
11

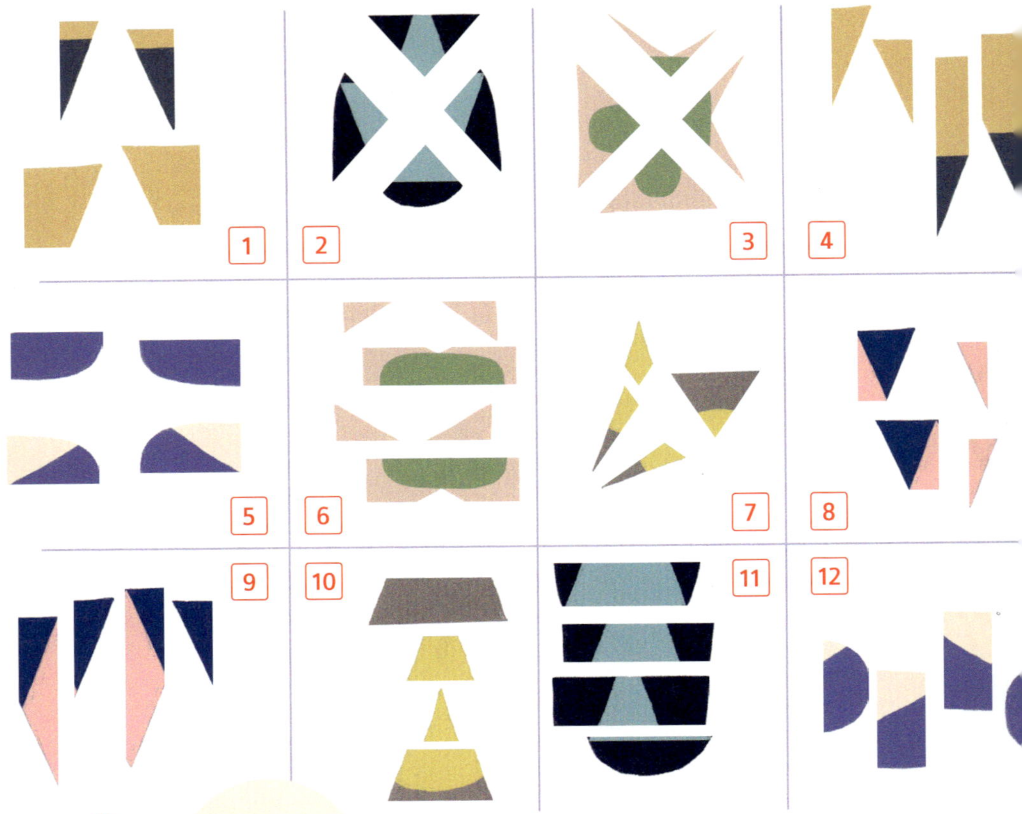

ALLES ZERSCHNITTEN!

8	4
6	7
9	1

5	3
10	2
11	12

23	15
21	22
14	24

19	16
18	13
20	17

1	2	3	4	5	6
7	8	9	10	11	12

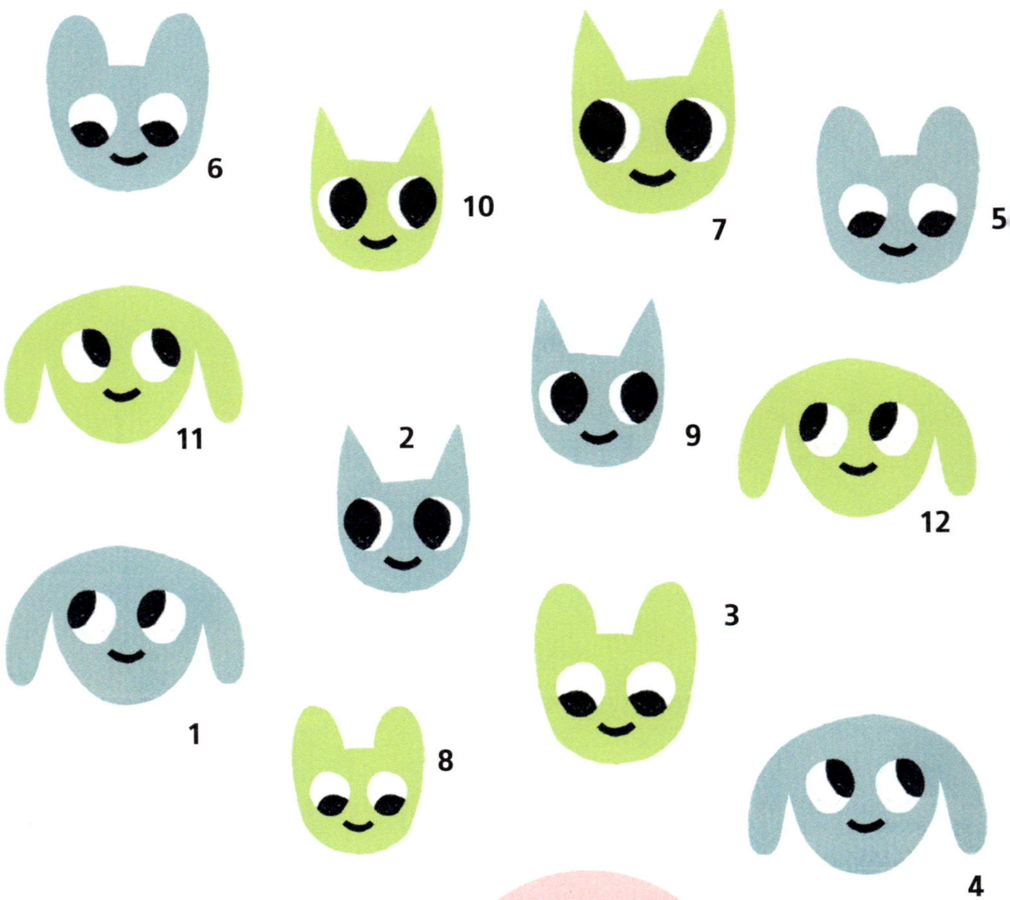

ACHTUNG ACHTUNG!
VERWECHSLUNGSGEFAHR!

13	14	15	16	17	18
19	20	21	22	23	24

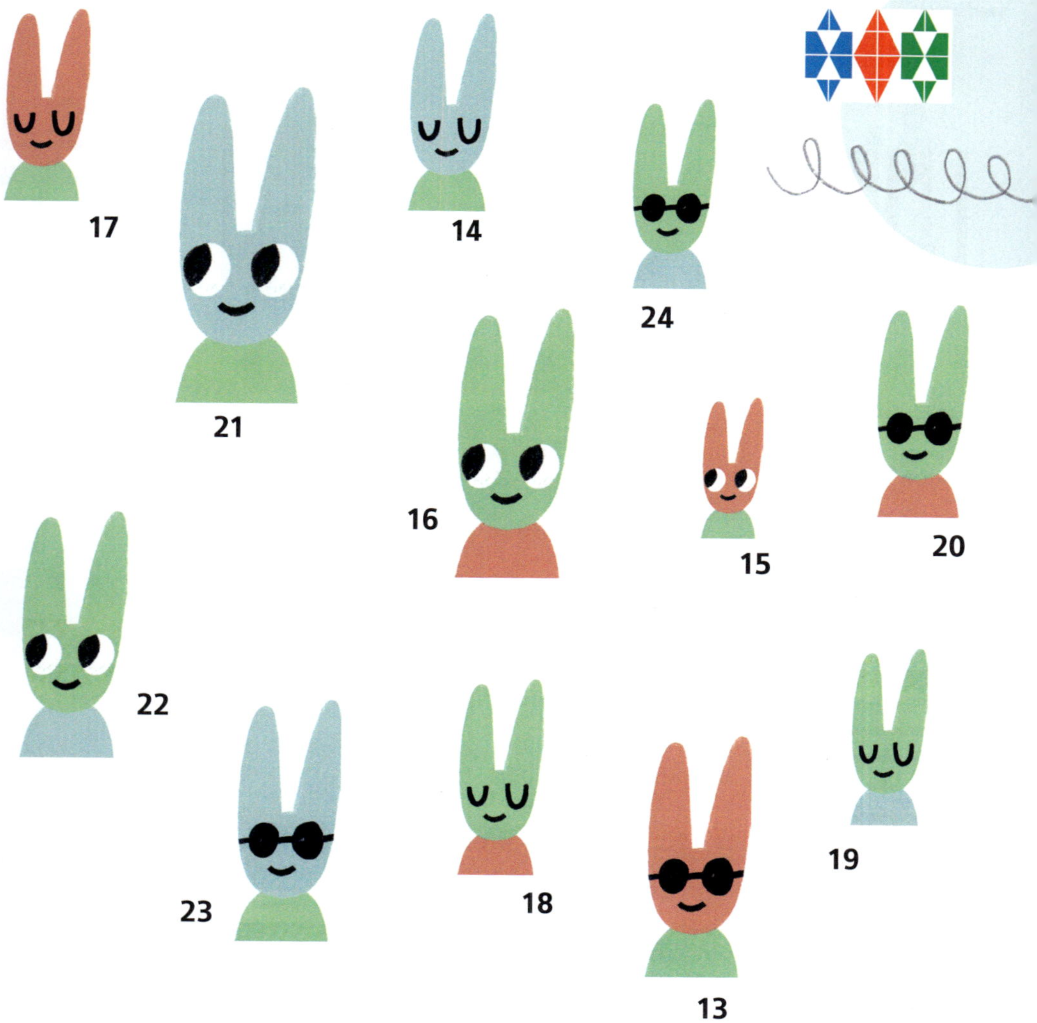

SCHON GEFUNDEN!

	11	3	4	8	1	2
	5	6	9	7	10	12

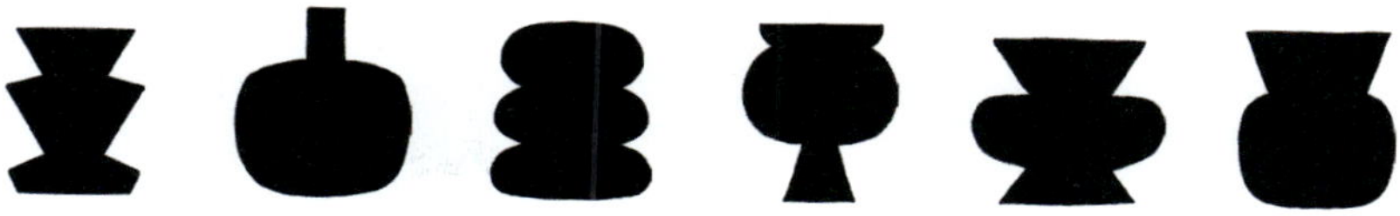

	19	13	20	14	23	17
	24	15	18	22	21	16

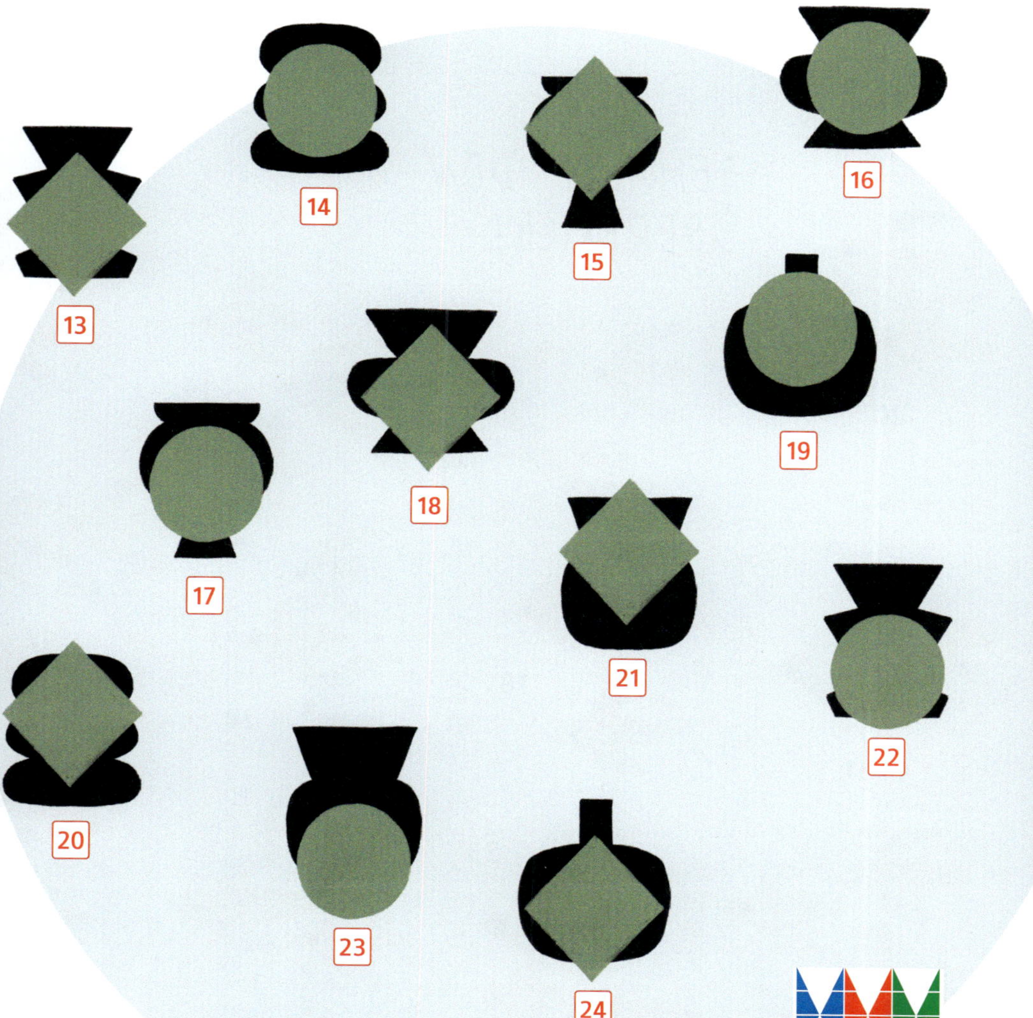

BEHALTE DEN ÜBERBLICK!

3
7
9
4
2
8
10
5
1
6
12
11

13
14
15
16
17
18
19
20
21
22
23
24

1

2

3

4

5

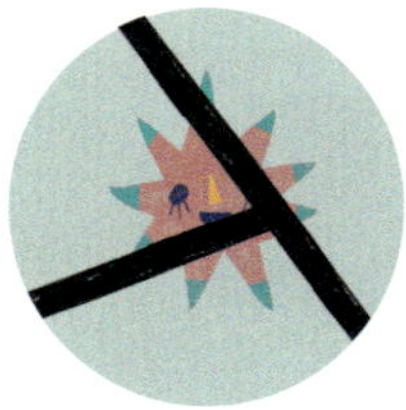

6

7

8

9

10

11

12

LASS DICH NICHT VERWIRREN

9	5	11	8
2	6	10	7
1	12	4	3

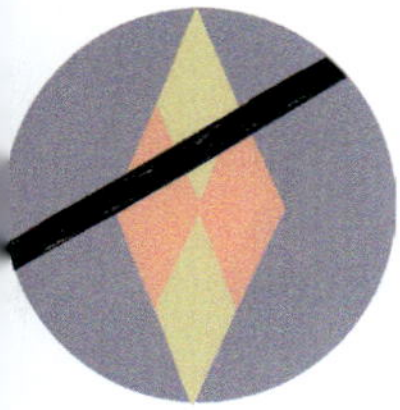

13

14

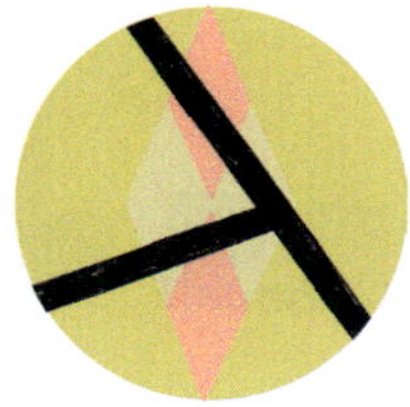

15

16

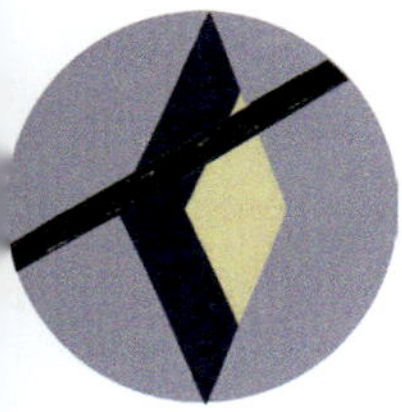

17

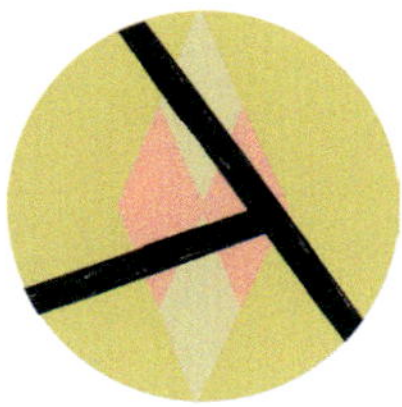

18

19

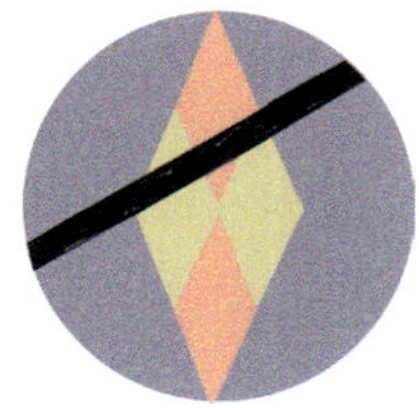

20

21

22

23

24

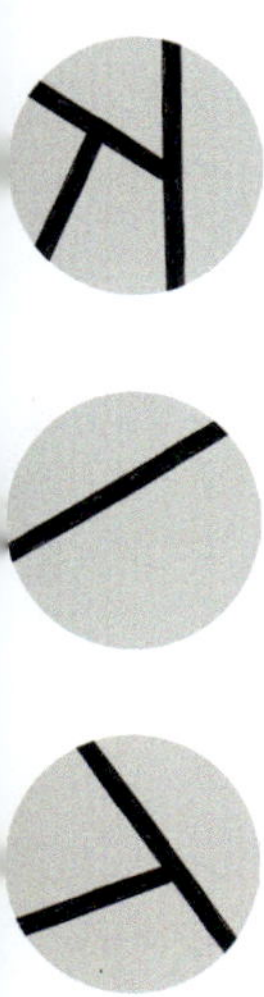

15	22	14	17
21	23	16	18
20	13	19	24

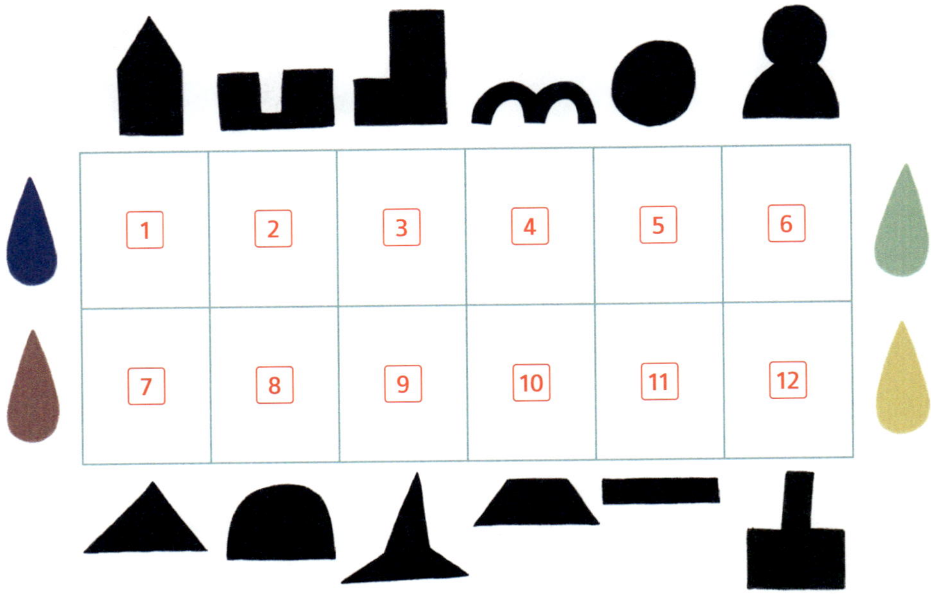

EIN LETZTES FARBQUIZ!

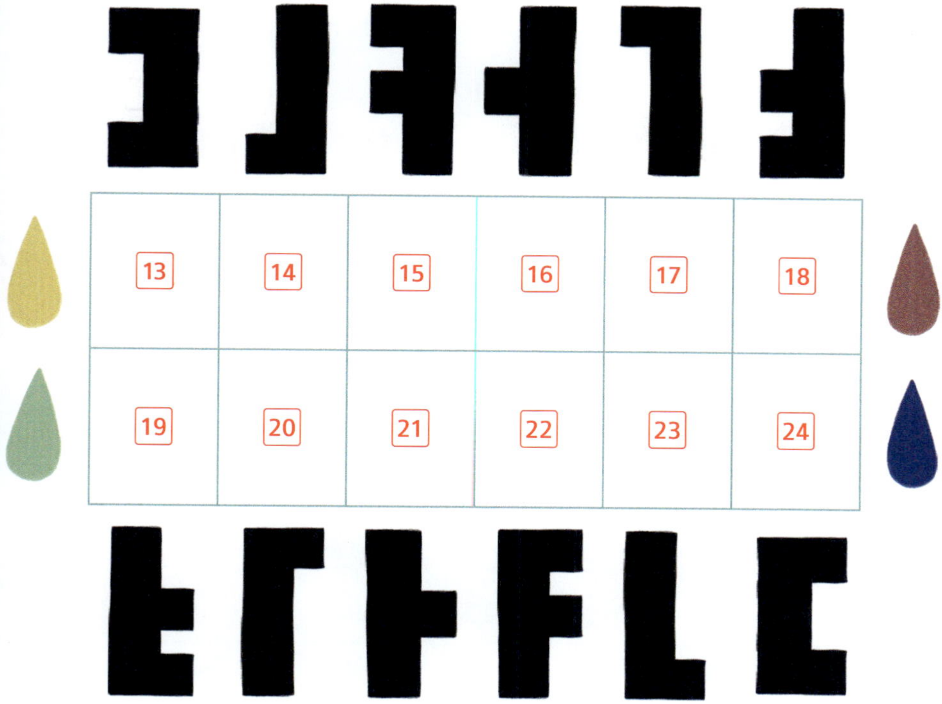
13
14
15
16
17
18
19
20
21
22
23
24

7
6
1
12
2
8
3
4
11
5
9
10

DEINE NACHWEISLISTE

Seite	Datum	Unterschrift	Datum	Unterschrift
2/3				
4/5				
6/7				
8/9				
10/11				
12/13				
14/15				
16/17				
18/19				
20/21				
22/23				
24/25				
26/27				
28/29				
30/31				